CATALOGUE

D'une remarquable Collection d'Objets

DE

HAUTE CURIOSITÉ

TELS QUE

Armes anciennes, Marbres, Tableaux, Miniatures, Porcelaines de Chine, du Japon et ancien Sèvres, Faïences, Terres cuites, Ivoires, Étains, Éventails, Bronzes, Bijoux anciens, Meubles gothiques, Objets indiens, etc.,

Appartenant à M. le comte de......,

DONT LA VENTE AURA LIEU, AUX ENCHÈRES PUBLIQUES,

RUE DROUOT, HOTEL DES VENTES,

Grande salle des séances, n° 5,

Les Lundi 18 et Mardi 19 décembre 1854,

HEURE DE MIDI,

Par le ministère de Mᵉ **THILLET**, Commissaire-Priseur, à Paris, rue Grange-Batelière, n° 1;

Assisté de **M. THERET**, Peintre-Expert, demeurant à Paris, rue Lepelletier, 33.

Le Catalogue se distribue :

1° Chez Mᵉ THILLET, commissaire-priseur ;
2° Et chez M. THERET, Expert.

EXPOSITION PUBLIQUE

Le Dimanche 17 Décembre 1854, de midi à 5 heures.

1854.

CATALOGUE

D'une remarquable Collection d'Objets

DE

HAUTE CURIOSITÉ

TELS QUE

Armes anciennes, Marbres, Tableaux, Miniatures, Porcelaines de Chine, du Japon et ancien Sèvres, Faïences, Terres cuites, Ivoires, Étains, Éventails, Bronzes, Bijoux anciens, Meubles gothiques, Objets indiens, etc.,

Appartenant à M. le comte de......,

DONT LA VENTE AURA LIEU, AUX ENCHÈRES PUBLIQUES,

RUE DROUOT, HOTEL DES VENTES,

Grande salle des séances, n° 5,

Les Lundi 18 et Mardi 19 décembre 1854,

HEURE DE MIDI,

Par le ministère de M° **THILLET**, Commissaire-Priseur, à Paris, rue Grange-Batelière, n° 1 ;

Assisté de **M. THÉRET**, Peintre-Expert, demeurant à Paris, rue Lepelletier, 33.

———

Le Catalogue se distribue :

1° Chez M° THILLET, commissaire-priseur ;
2° Et chez M. THÉRET, Expert.

EXPOSITION PUBLIQUE

Le Dimanche 17 Décembre 1854, de midi à 5 heures.

1854.

Conditions de la Vente.

Elle sera faite expressément au comptant.

Les Adjudicataires paieront 5 pour cent en sus des enchères, applicables aux frais.

Nota. Les Tableaux ne seront vendus que le mardi 19 décembre.

DÉSIGNATION
DES OBJETS.

---

1 — Beau Meuble à deux corps en bois sculpté du
se'z'ème siècle, d'gne d'un musée par la pureté des
lignes, la richesse des cariathides et arabesques.

2 — Grande Armoire en bois sculpté du temps de
Louis XIII, ornée de ses ferrures anciennes.

3 — Montre vitrée posée sur un riche pied-console en
bois sculpté et doré, du temps de la Régence, beau
style rocaille à dragons, provenant du cabinet de
M. Herri-son.

4 — Calvaire gothique, représentant l'arbre de Jephté
en bois sculpté, peint et doré.

5 — Une Console en bois peint et sculpté du temps
de Louis XVI, ornée de guirlandes de fruits bien
sculptés.

6 — Un Bureau à cylindre en acajou moucheté, garni
de bronze doré.

7 — Une belle Pendule Boule en écaille rouge, jolie
forme château, enrichie de bronze doré.

8 — Une Table à ouvrage ovale en bois rose et bronze
doré, ornée de plaque de Sèvres pâte tendre bleu
turquoise et fleurs.

9 — Un Coffre de Mariage en bois sculpté. Flamand.

10 — Une jolie petite Pendule en marqueterie fine,
dite religieuse.

11 — Deux petits Monuments formant chapelle en
bois, ornés de miniatures italiennes; sujets de sainteté du seizième siècle.

12 — Une vingtaine de Pièces en bois sculpté et tourné
du temps de Louis XIII ; Mobilier complet en petit, composé de Lit, Armoire, Bahuts, Dressoirs,
Chaises, Fauteuils, Poêle et Fontaine en faïence et
Lustre en bronze. Joli article d'étrennes.

13 — Une belle Lanterne de vestibule riche de bronze
doré, du temps de Louis XVI.

14 — Quatre Bras à deux lumières en bronze doré,
Louis XVI.

15 — Deux Flambeaux, deux Cassolettes bronze doré,
Louis XVI.

16 — Deux jolis petits Bras de cheminée bronze doré,
Louis XVI.

17 — Une riche Pendule écaille rouge ornée de bronze
doré ; surmontée d'un groupe de renommées,
Louis XVI.

18 — Deux Vases en bronze ornés de bas-reliefs d'après
Clodion.

19 — Plusieurs Paires de Flambeaux.

20 — Un Christ en bronze florentin, bien modelé.

21 — Deux Statuettes : Bacchus et Cérès en bronze.

22 — Une Pendule : Le Puits. Marbre et bronze doré.

23 — Une Pendule de Nuremberg, en bronze doré, carré.

24 — Une Figure grotesque, satire d'un grand personnage en bronze florentin fondu sur cire perdue.

25 — Un Bronze antique représentant Diane.

26 — Un Encrier bronze florentin : lion près d'un fort armé de canons.

27 — Deux Flambeaux à figures en bronze du temps de Louis XIII.

28 — Trois Enfants bien ciselés, en bronze doré.

29 — Quatre Statuettes en bronze gothique.

30 — Trois jolis Vases en albâtre orientale, riche monture Louis XVI, en bronze doré finement ciselé.

31 — Trois Vases en céladon et craquelé, montés en bronze doré.

32 — Deux Chevaux en bronze sur socles en marbre blanc.

33 — Un Lot de Socles en bronze doré et marbres divers.

34 — Deux Potiches fond chocolat en porcelaine de Chine.

35 — Quatre Vases en Japon, à dessins bleus sur fond blanc.

36 — Trois Seaux en porcelaine vieux Sèvres, fond blanc dessins camaïou.

37 — Six Pots à crême en porcelaine vieux Sèvres, fond blanc à fleurs.

38 — Un lot de six Tasses, trois Soucoupes, un Sucrier et deux Théières en Sèvres, fond blanc à fleurs.

39 — Deux Pots à tabac en vieux Japon, fond blanc dessins bleus.

40 — Un grand Bol en Chine à figures mandarins et paysage.

41 — Une belle paire de grands Vases richement décorés, à figures.

42 — Un grand Bol en Japon, fond blanc à dessins bleus.

43 — Un Magot accroupi, en porcelaine de Chine, ancienne qualité.

44 — Deux jolis Plateaux à pans, vieux Japon.

45 — Une Verrière, ancien Sèvres, pâte tendre, fond blanc à roses.

46 — Un Beurrier, ancien Sèvres, décors modèle, fond turquoise.

47 — Un Saladier, ancien Sèvres, fond turquoise, (fendu).

48 — Une petite Coupe, ancien Sèvres, fond turquoise, montée en bronze doré.

49 — Un Pot à glace, ancien Sèvres, fond turquoise.

50 — Deux pièces : Beurrier fond blanc et Plateaux d'écuelle à bouquets.

51 — Un Plat, forme ovale, fond blanc et bords turquoise, ancien Sèvres.

52 — Un Vase ancien, blanc de Chine, monté sur marbre et bronze doré.

53 — Deux Socles carrés ornés de plaques en vieux Sèvres, fond bleu, turquoise et fleurs.

54 — Plusieurs jolies Figurines en ancien Saxe, quelques Déjeûners tête-à-tête, Tasses, Écuelles et autres belles pièces en porcelaine de Saxe.

55 — Une belle Écuelle et son Plateau, vieux Sèvres, pâte tendre, fond blanc, jolis décors, guirlandes de fleurs, camaïeux bleus.

56 — Trois Bras porte-lumière en faïence ancienne.

57 — Une trentaine de Plaques en faïence, terre émaillée fond vert de Nuremberg, ornées de jolis bas-reliefs du seizième siècle.

58 — Une belle Chaîne de lustre en fer travaillé du temps de Louis XIII, composée de neuf maillons fleurdelisés.

59 — Un Pupitre de chapelle en fer travaillé garni d'ornements en cuivre du temps de Louis XIV.

60 — Un plus petit, riche travail de fer du temps de Louis XIII.

61 — Une belle Carabine à rouet rayée du temps de Henri II, riche bois incrusté d'arabesques en ivoire.

62 — Une belle Carabine à rouet, canon rayé, bois sculpté, incrusté d'ornements en cuivre doré et ciselé, sujets de chasse, époque Louis XIII.

63 — Un beau Pistolet du seizième siècle, riche bois sculpté, canon orné d'un travail précieux par la ciselure, damasquiné en or, figures et arabesques bien composés.

64 — Une belle Épée et sa Dague à poignée contournée, fer ciselé et damasquiné en argent du temps de Louis XIII.

65 — Une jolie Plaque du seizième siècle, beau travail italien sur fer damasquiné en or, riche composition, animée de figures allégoriques.

66 — Carabine en fer damasquinée en or, époque Louis XIII, travail remarquable par la finesse des gravures sur fer.

67 — Un Fusil à rouet orné d'incrustations en ivoire et nacre de perles.

68 — Une Epée forme droite en fer doré et damasquiné en argent.

69 — Une Dague du quinzième siècle, dont le pommeau en fer est formé par une tête de nègre damasquinée en argent.

70 — Un Yatagan en damas fin incrusté d'or, orné

d'un riche fourreau en argent repoussé et doré.

71 — Un Fusil algérien.

72 — Une paire de Pistolets espagnols ornés de gravures très fines.

73 — Un petit Fusil espagnol, gravé.

74 — Une Epée du temps de Louis XIII, poignée contournée en fer damasquiné en argent.

75 — Une sainte Barbe et son Socle en bois sculpté.

76 — Une Sainte-Vierge et l'Enfant-Jésus en bois sculpté.

77 — Un Groupe gothique en bois doré et peint : La Sainte-Vierge, l'Enfant-Jésus et sainte Anne. Très fin de sculpture.

78 — Une Sainte-Vierge et l'Enfant-Jésus en ivoire sculpté, travail du seizième siècle.

79 — Un Cippe en ivoire sculpté, monture en argent doré, orné d'une jolie composition : l'Automne figuré par des jeux d'enfants, attribuée à François Flamand ; sur le dessus, un enfant se retirant une épine.

80 — Un dito Pendule du seizième siècle en ivoire sculpté, montée en argent repoussé et doré, ornée d'un bas-relief remarquable, genre de bacchanale, représentant le Triomphe de Neptune et Amphitrite, au-dessus du cadran, en argent gravé ; un ornement supporte une figurine d'enfant tenant un sablier, très habilement sculpté.

Cette jolie Pendule mérite l'attention de MM. les amateurs par son beau fini et la hardiesse de sa composition, digne, en tous points, du talent de François Flamand, auquel elle est attribuée.

81 — Un magnifique Poignard italien en ivoire sculpté, représentant la mort de Lucrèce ; les figures sont répétées sur la garde du manche. Lame évidée et repercée à jour.

82 — Deux Couteaux et Fourchette en ivoire finement sculpté, représentant une Bacchanale ou Danse de Paysans.

83 — Une jolie Croix en bois sculpté d'une finesse rare, sujet de la Passion, ornée d'une jolie monture du seizième siècle, en argent doré et nieillé.

84 — Un Coffre en ébène garni de belles plaques, fruits et oiseaux sur marbre noir en mosaïque de Florence, pierre dure montée de filets en bronze doré.

Ces coffres provenaient de la manufacture des papes, et étaient offerts en présent aux étrangers de distinction.

85 — Une Pendule en cuivre repoussé, aux armes d'Autriche, du temps de Louis XIII.

86 — Deux Bas-Reliefs en bronze, d'après Jean Goujon.

87 — Une grande Statue en albâtre orientale du seizième siècle, représentant une Flore.

88 — Un Bas-Relief en terre cuite, par Clodion : Sa-
tyre.

89 — Un Bas-Relief, par Marin : La Marchande d'a-
mours.

90 — Un Bas-Relief, par Clodion : La Famille du Sa-
tyre.

91 — Un Bas-Relief en albâtre, du seizième siècle : La
Cène ; Notre-Seigneur au milieu des apôtres.

92 — Des Bustes en marbre blanc avec piédouches.

93 — Un Buste (Homère) en marbre.

94 — Une Vierge gothique en bois sculpté.

95 — Deux Groupes en bois sculpté doré : Enfants.

96 — Une Canette en étain de Briot (bien conservée).

97 — Un grand Plat en cuivre à dessins Champlevés.

98 — Une Sainte Madeleine en faïence, de Bernard de
Palissy. Bonne épreuve.

99 — Un Plateau en verre de Venise.

100 — Un Vase avec son couvercle en verre de Venise.

101 — Une jolie Coupe à filigrane blanc, en verre de
Venise.

102 — Un Email de Limoges, par Jean Courtois, remarquable par la finesse de sa composition.

103 — Un Bas-Relief émail de Limoges, par Pénicaud : Le
Triomphe d'Amphitrite.

104 — Un Émail de Limoges, des premières époques. La
Sainte-Vierge Marie. Cadre gothique.

105 — Un dito à paillons : Le Christ en croix et les Sain-

tes-Femmes. Au pied, sur le second plan, se trouve Saint Louis en costume fleurdelisé.

106 — Un Émail bizantin : L'Agneau Pascal.

107 — Un Sceptre en ivoire sulpté : au milieu, le portrait d'Augustus, roi de Pologne, ses armoiries et le millésime de 1607.

108 — Deux Bas-Reliefs en bois sculpté : Joueurs de cornemuse et de violon.

109 — Une Pendule de Boule, écaille et bronze.

110 — Un Lustre flamand en bronze.

111 — Un très beau Vase en Chine, fond bleu, décors d'or.

112 — Un Chien assis, en porcelaine de Saxe.

113 — Une grande Croix en cristal de roche gravé, montée sur un socle en bronze doré, et filigrane argenté avec pierres fausses.

114 — Un Coffre avec plaques de bois pétrifié, orné d'une jolie monture en bronze doré.

115 — Une Tasse à anse, prise dans la masse, et sa soucoupe en jade.

116 — Deux Coupes ovales en agathe mousseuse, etc.

117 — Deux Tabatières et leurs dessus en cristal de roche taillé.

118 — Une Tabatière en écaille avec belle mosaïque de Rome, représentant le Char de l'Aurore, d'après le Guide, et plusieurs autres montées en or et argent.

119 — Une Boîte en caillou, couvercle gravé en relief.
Le Baptême de Saint-Jean.

120 — Un grand Camée en relief sur ardoise : Char triomphal.

121 — Un lot de pierres gravées diverses. Un Cachet en jaspe, monté or et argent.

122 — Une Montre en or Louis XVI; broches, bagues, boucles d'oreilles, épingles en or et argent en perles fines, pierre gravée, et deux lots strass.

123 — Un lot considérable de Camées sur fond bleu, en veedwood.

124 — Un Couronnement en jade vert gravé et repercé à jour.

125 — Quatre Bas-Reliefs en cristal de roche gravé : Les Dieux de la Fable.

126 — Un riche lot de beaux Éventails et Montures.

127 — Un Coffre écaille et ivoire gravé, forme carré.

128 — Un Livre d'Heures avec vignettes sur vélin, imprimé en 1501, par Thielmen frères, imprimeurs de l'Université de Paris, d'une belle conservation et couverture dorée.

129 — Miniature à l'huile représentant une Bataille, d'une grande finesse ; sujet biblique, signé Frédéric Breughel.

130 — Une quarantaine de Miniatures, jolis portraits de femmes, par Charlier, genre de Fragonard, et

autres sujets divers par Van Blarenberg, etc.,
Portraits à l'huile du seizième siècle et autres.

131 — Onze Miniatures chinoises : Perroquets des Indes
et autres.

132 — STELLA. L'Annonciation de l'ange Gabriel à la
Sainte-Vierge.

133 — ÉCOLE GOTHIQUE, FOND D'OR. — Huit Tableaux
sujets de sainteté, curieux et rares, même genre
que ceux du Musée.

134 — VAN EICK (Signé). Tableau capital de ce maître.
Le Christ en croix se détache sur un fond de
paysage. Près de là, ses Apôtres et les Saintes-
Femmes se désolant. Tous les personnages ont la
tête entourée d'une auréole dorée, prise en relief
sur le panneau. Cette composition, importante par
sa perfection et la finesse de sa touche, se fait re-
marquer aussi par sa conservation, ce qui la rend
digne d'un musée.

135 — JASSO-FERATO. Madone en prière. Belle tête
remplie d'onction et de ferveur ; bonne qualité de
ce maître d'une couleur brillante, modelé parfait,
joint à une belle entente du clair obscur.

136 — DESPORTES. Chien de chasse gardant du gibier,
accessoires et fruits divers. Bon tableau de place.

137 — DESPORTES (Attribué au même). Deux beaux
Tableaux représentant des chiens de chasse avec
paysages.

138 — LEBRUN. Le Christ en croix, bordure sculptée, et
autres tableaux de bons maîtres.

139 — Un Lion, terre cuite en relief de FRATIN.

140 — Une Lionne, terre cuite en relief (pendant).

141 — Deux Chevaux, terre cuite en relief, de FRATIN.

142 — Trois Tasses et un Pot au lait en VIEUX SÈVRES,
pâte tendre.

143 — Un modèle de Bénitier en bronze, avec droit de
reproduction.

144 — Deux Paysages de SWAGERS.

145 — Intérieur de Forêt par VINTRANCK.

146 — Un Musicien ambulant jouant devant des villa-
geoises, d'après WÉNIX.

147 — La Sainte-Famille, par VAN DICK.

148 — Plusieurs Dessins de GAVARNI.

148 *bis* — Une Lanterne d'antichambre en cuivre.

149 — Costume indien d'un CHEF HURON complet : composé d'un paletot en peau de caribou, un bonnet
brodé, une jupe, une ceinture et une paire de
bottines brodées, deux jambières, un caribou
brodé en porc-épic, une grande jupe de dessous
avec garniture en argent, une paire d'épaulettes
brodées, un arc et des flèches.

150 — Un autre Costume indien de chasse en peau de
caribou et de regnial.

151 — Une paire de Raquettes pour marcher sur la neige.

152 — Un très beau Hamac.

153 — Un modèle de Canot indien en écorce.

154 — Une paire de Pieds en peau de caribou brodée.

155 — Un Paletot en peau de poissons.

156 — Une peau de Loutre et une de Castor en parfait état.

157 — Deux Statuettes en bronze, sujets indiens.

158 — Une Collection complète de Chefs indiens formant volume.

159 — Trente-trois Chefs indiens (gravures en feuille avec biographie).

160 — Un Poignard indien en argent.

161 — Cinquante Pièces indiennes diverses, Sacs à tabac, Porte-Cigares, Fourreau de Poignard, Ornements, Tableaux, etc., etc.

162 — Sous ce numéro seront vendus nombre d'articles dont l'importance ne réclamait pas une mention spéciale au catalogue.

Imp. de madame de Lacombe, 11, rue d'Enghien.

Paris. Imp. de Mme de Lacombe, r. d'Enghien, 11,